Positives ist machbar

Yoga NaTour

Bewusste Atmung und Bewegung in der Natur

Carolina Boretius

Meditation, um die Sinne auszudehnen

Mudra:

Hände liegen locker im Schoß, hängen entspannt neben deinem Körper oder liegen am Baum.

Visualisierung:

Spüre deinen Körper, deine Begrenzung, deine Haut.

Stelle dir vor, wie dich eine zweite Haut umgibt.

Lade alle Sinneswahrnehmungen in diese Blase ein.

Du selbst bist im Zentrum deiner Blase ganz ruhig und ruhst in deinem Herzen.

Lasse diese Blase immer größer werden.

Über Wälder, Straßen, Dörfer, Seen, Flüsse, Meere, Länder, Kontinente…, die ganze Erde, weiter, Planeten, Galaxien, das Universum nimmst du in deine Blase auf.

Werde mit jedem Atemzug stiller.

Erlebe Freude und die Grenzenlosigkeit deines Herzens. Lasse deine Blase mit der Unendlichkeit verschmelzen.

Yoga NaTour ist ein Buch mit Kartenset und bietet auch Laien die Möglichkeit, Yoga überall und jederzeit zu praktizieren. Es wurde explizit weitgehend auf besondere Yoga-Begriffe verzichtet. Die Hemmschwelle zur Yoga-Praxis wurde so wesentlich reduziert. Und um die Praxis möglichst einfach zu gestalten, wurden die Übungskarten im Taschenformat entwickelt, die leicht mitgenommen werden können: auf die Yoga-NaTour draußen in der Natur. Der Weg zu mehr Gelassenheit und Glück und frei von Angst liegt vor uns. *Yoga NaTour* stellt ein einfaches Werkzeug dar, diesen Weg zu beschreiten.

Carolina Borelius
Yoga NaTour
Bewusste Atmung und Bewegung in der Natur
Broschur, 144 Seiten, + 32 Karten 96 x 130 mm, in Magnetklapp-Box
28,00 € (D)/28,80 € (A)
ISBN 978-3-89060-807-5

Pflanzenbrauch im Jahreslauf

Mit Baum und Kraut im Reigen der Jahreskreisfeste spielen, heilen und genießen

Coco Burckhardt

Der Beifuß (***Artemisia vulgaris***)

Der Beifuß ist eine 100-150 cm hohe Staude, die zur Familie der Korbblütler gehört. Sein Stengel ist dunkel- bis braunrot, recht fest und bildet viele Seitenäste. Die Blätter sind einfach oder doppelt gefiedert, laufen spitz zu. Oben haben sie ein Dunkelgrün, das in einem schönen Kontrast zu ihrer silbrig weißfilzigen Unterseite steht. Die eiförmigen Blüten, die sich zwischen Juli und September (je nach Standort) entfalten, sind sehr klein und unscheinbar, graufilzig mit gelber bis rotbrauner Krone. Der Beifuß wächst gerne an Wegrändern, in Steinbrüchen und Böschungen.

Neben den deutlich zu schmeckenden Bitterstoffen, enthält er ätherische Öle, Gerbstoffe und Flavonoide. Am besten wird das gesamte Kraut vor oder während der Blüte gesammelt. Das Sammeln kann aber auch ohne große inhaltsstoffliche Einbußen bis in den Oktober ausgedehnt werden.

Beifuß-Tee

Infus aus 1-2 EL Kraut auf 1/2 Liter, 2-3 Mal täglich eine Tasse (Als Kur 6 Wochen am Stück, anschließend 1-2 Wochen Pause und erneut beginnen)

- Regt Appetit und Galle an
- Wirkt entkrampfend auf den Unterleib und das Verdauungssystem
- Fördert die Durchblutung
- Ist schweiß- und harntreibend (starke Entgiftungswirkung auf den Körper)
- Kann Steine in Blase, Niere und Galle auflösen.

Dieses Buch ist eine wahre Fundgrube für alle, die eine tiefere Verbindung nicht nur mit der Natur und den Pflanzen, sondern auch mit dem Rhythmus der Jahreszeiten suchen. Coco Burckhardt geleitet uns durch das keltische Jahresrad, erzählt mythische Geschichten, macht uns mit der Heilwirkung von Baum und Kraut bekannt, verrät tolle Rezepte und gibt uns spannende Anregungen für das Begehen der Festtage. Das alles wird durch präzise Darstellungen der behandelten Pflanzen abgerundet.

Coco Burckhardt
Pflanzenbrauch im Jahreslauf
Mit Baum und Kraut im Reigen der Jahreskreisfeste spielen, heilen und genießen
Klappenbroschur, 192 Seiten, Zeichnungen
18,00 € (D)/18 ,60 € (A)
ISBN 978-3-89060-811-2

Die Gaiakultur erschaffen

Das Visions- und Arbeitsbuch

Marko Pogačnik

Aus seiner jahrzehntelangen geomantischen Arbeit und den vielfältigen Kommunikationen mit anderen Sphären beschreibt Marko Pogačnik in diesem Buch, wie sich eine neue Erde allmählich und zuerst in der »kausalen« oder »archetypischen« Dimension heranbildet, um – nicht zuletzt durch unser Mittun – in unserer Dimension Gestalt anzunehmen. Dieses aktuelle Buch verbindet Träume und Wahrnehmungen mit Botschaften von Gaia und einfach nachvollziehbaren Übungen, die uns mit jener derzeit stattfindenden Transmutation in Übereinstimmung bringt.

18.11. 2020

Mensch, heiße dich selbst willkommen in deinem Leben.
Sieh dies Geschenk – ein Leben, dein Leben.
Bewahre es, behüte es, achte und wertschätze es.
Erlerne in dir zu ruhen, mehr und mehr,
in dieser – dir mehr und mehr – innewohnenden Ruhe
unsere Verbindung zulassen zu können.
(Gaia)

- Versetze dich in Stille und suche in deiner Erinnerung einen Wald aus, wo schöne gesunde Bäume wachsen.
- Lade einen Baum nach dem anderen ein, einen Kreis um dich herum zu bilden. Höre dem leichten Rauschen ihrer Kronen zu.
- Dabei gehst du immer tiefer in deine Mitte hinein, um die innere Ruhe zu erfahren. Nimm dir Zeit, um die Stille in dir zu festigen.
- Die Bäume, die um dich herumstehen, unterstützen dich, um in der Stille eine liebende Beziehung zu Gaia aufzubauen.

Das neue Pilgern

Begegnung mit der lebendigen Erde

Waltraud Hönes

Da-Sein mit anderen Wesen

Ihr könnt direkt vor eurer Haustür beginnen! Jeder Spaziergang kann zu einer Begegnung mit der belebten und beseelten Erde werden, wenn wir ihr unsere Aufmerksamkeit zuwenden. Meistens gehen wir eher gedankenverloren umher, und dann werden die Wesen der Natur zur Kulisse. Wir sehen sie zwar irgendwie im Hintergrund, befinden uns aber in unserer eigenen »Blase«. Das ist der Zustand des Getrenntseins, der in unserer Kultur als normal angesehen wird. Diesen zu durchbrechen, öffnet die Tür zu einer neuen Welterfahrung, bei der wir von lebendigen Wesen der unterschiedlichsten Art umgeben sind, sichtbaren wie unsichtbaren. Wir können sie auf einmal als unsere Mit-Wesen wahrnehmen und mit ihnen in Beziehung treten, wobei wir selbst dazugehören. Das heißt nicht weniger, als selbst Teil der Landschaft zu werden, die sich als Gemeinschaft von beseelten Wesen entpuppt und als Ganzes eine Seele hat.

Das also wäre das allererste: Sich für diese neue Art der Wahrnehmung zu öffnen. Betrachtet einen Baum, eine Blume, einen Stein oder einen Hügel als Wesen, nicht als Objekt. Wenn ihr es mit einem Wesen zu tun habt, dann könnt ihr mit ihm in Austausch treten. Sagt innerlich oder sprecht sogar laut aus: »Ich sehe dich, ich achte dich und weiß, dass du mir etwas von deiner Kraft gibst und meine Seele mit deiner berührst, wenn ich an dir vorübergehe. Dafür möchte ich dir etwas zurückgeben!«

Das Herz ist das Tor zur Seele, die aufblüht, wenn wir als neue Pilger die sieben Gold-Silber-Regenbogenwege zum unvergleichlich strahlenden Stein aus dem neu belebten Weltmythos von Fanes in den Dolomiten einschlagen, die in diesem Buch vorgestellt werden. Wir sind exemplarisch mit einer Gruppe von Pilgern aus verschiedenen Ländern in einer großartigen Landschaft unterwegs, sammeln erste Erfahrungen auf diesen geistvollen Seelenwegen und erhalten die Lehren der mythischen Gestalten, die uns dabei begleiten.

Ein Praxisteil gibt Anleitungen, wie wir selbst, ganz gleich wo wir zuhause sind, mit dieser neuen Form des Pilgerns und der dazugehörigen Lebensweise beginnen können, um aktiv zu einer kulturellen und spirituellen Erneuerung beizutragen.

Waltraud Hönes
Das neue Pilgern
Begegnung mit der lebendigen Erde
Klappenbroschur, 256 Seiten
18,00 € (D)/18,60 € (A)
ISBN 978-3-89060-812-9

Yoga mit Bäumen

Kraft tanken im Einklang mit den Bäumen

Jenny Garrison

Vrikshasana ist der Sanskrit-Name der Yoga-Pose, die gemeinhin »Baumhaltung« genannt wird. Es ist eine traditionelle Haltung mit dem Fokus auf Balance.

Wenn wir die Fußsohle nach unten ausdehnen, um uns mit der Erde zu verbinden, schicken wir imaginäre Wurzeln in die Erde, um Prana oder Lebenskraft von der Erde aufzunehmen, und auch, wenn der Boden unser erster Halt ist, werden wir von der Schwerkraft und den imaginären Wurzeln am Boden gehalten. Während wir halten und atmen, heben wir uns empor, nach oben aus der Taille heraus, gleichmäßig und leicht, wobei wir den Fokus auf einen Punkt legen, der sich nicht bewegt, unser Drishti oder Brennpunkt.

Es gibt ein altes chinesisches Sprichwort, das besagt: »Bewahre einen grünen Zweig in deinem Herzen, und vielleicht kommt ein Singvogel.« Ich mag es, in der Baumhaltung einen Arm zur Seite auszustrecken,

Handfläche nach oben, und mir das alte Sprichwort zu sagen. Der andere Arm ist gen Himmel gestreckt. Dies lädt die Herzenergie ein, sich über unser Herzzentrum und nach oben in die obere Brust oder das »hohe Herz« auszubreiten und über unsere Schultern und durch unsere Arme und Hände. Sogar (und besonders!) in der Tiefe des Winters visualisiere ich einen grünen Zweig in meinem Herzen.

Dies ist eine relativ einfache Haltung, aber eine, die reich an Magie ist. Ich habe meinen Schülern folgenden Vorschlag gemacht: »Lasst uns im kommenden Jahr jeden Tag eine Baumhaltung ausführen.« Ich lade dich ein, dich an dieser Praxis »unser täglicher Baum« zu beteiligen. Es dauert nur ein paar Minuten am Tag, und wird dir so viel geben.

Jenny Garrison
Yoga mit Bäumen
Kraft tanken im Einklang mit den Bäumen
Klappenbroschur, 160 Seiten, mit Zeichnungen
14,00 € (D)/14,40 € (A)
ISBN 978-3-89060-808-2

Aufstehen in der Weiblichkeit

Wie Frau und Mann Seele, Herz und Mitgefühl ins Leben bringen

Eva-Maria Zander

Selbstmitgefühl

Das Wichtigste, das Sie auf Ihrem Weg begleitet, liebe Leserin, lieber Leser, ist Ihr Mitgefühl für sich selbst. Denn es ist Ihr Persönlichkeits-Selbst, das nun vollkommen erschüttert wird. Alles, woran Sie geglaubt haben, all Ihre Urteile, Ihre Vorstellungen und ganz besonders Ihre eigenen Projektionen auf andere, auf die Situation in der Welt, wird jetzt hinterfragt. Und es wird losgelassen, was nicht mehr dienlich ist.

Bisher haben Sie gedacht, dass alles, was Sie im Außen erfahren, von anderen auf Sie zukommt. Genau das versteht man unter Projektion. Es verhält sich aber umgekehrt. Wir sind energetische Wesen und ziehen das an, was wir energetisch ausstrahlen. So kommt es, dass wir uns immer wieder in leidvollen Situationen wiederfinden, solange wir nicht die Ursache angeschaut, angenommen und uns liebevoll damit ausgesöhnt haben.

Ein Wegweiser, diese Mechanismen zu durchschauen und nach und nach zu entlarven, ist diese Frage:

Warum geschieht gerade mir genau dieses Geschehen in diesem Moment?

Nehmen Sie diese Frage ernst und wenden Sie sie konsequent an, dann erfahren Sie, dass letztendlich Sie selbst sich in all diese Verstrickungen gebracht haben. Sie selbst haben sich in einen Käfig gesperrt, dessen Tür immer offen war.

Weiblich
Weiblich ist rund
ist weich,
ist zärtlich
zeigt sich verletzlich
Weiblich
fühlt
die Sicherheit
in sich Selbst
Weiblich
führt
Männlich zur Seele
in Frau und Mann

Weiblich
liebt,
lebt glücklich leicht
im Vertrauen
Es ist wunderbar
im eigenen
Weiblichen
zu Sein.

Zeitenwende

Dimensionen des Umbruchs

Eine innere Perspektive des Wandels

Nora Philine Hansing

Es ist Zeit, wieder zu wissen, wer wir sein wollen,
Zeit, wieder zu streben nach dem Licht.
Was geschieht, ist kein Traum, es ist Wahrheit, die
wie ein unbetretener Raum vor uns liegt
in uns
eintritt und auffordert.
Was ist dieses Licht?
Ein Blick, der sich richtet auf eine Welt, die sich wandelt,
der Dämon, der sich selbst erkennt und beschließt zu handeln.
Es ist das alte Gesetz, das nun zu Staub zerfällt;
ein Gesetz der Macht, die nicht länger hält,
was sie verspricht,
weil sie bricht
unter der besonderen Schwere der Wahrheit,
die untragbar, unerträglich ist,
für alles, das ihr widerspricht.

Das Licht ist nicht leicht, es ist Aufgabe.
Aufgabe eines alten Glaubens der Angst.
Aufgabe, die uns richtet, aufrichtet, ausrichtet,
über die Welt hinaus, die sich verdichtet
wie eine Wolkenwand am Horizont.
Lässt sie ihn fallen, wird auch ihr Regen fruchtbar sein.
Wenn das Wasser sich trennt vom Schmutz und auf die neue Erde trifft.
In seinem Dunst wird die neue Welt aufgehen
wie Verheißung, in der wir uns selbst erkennen.

Es gibt sie nur selten, aber es gibt sie: die Momente, da ein Text tief bewegt, aufrührt, einen Sog entfaltet. Mit diesem Buch erhebt die junge Nora Philine Hansing ihre Stimme, bringt Wortkaskaden zum Leuchten in einer Sprache von hypnotischer Kraft, die unmittelbar in unsere Seelenwelt hineinwirkt. Das ist ihre Botschaft: Wir müssen unser Seelenleben zurückfordern in dieser seelenlos mechanistischen, lebensfeindlichen, digitalisierten und kommerzialisierten Welt. Die Wende zum Leben in der neuen Zeit kann nicht gelingen, ohne sie inwendig zu vollziehen. Diese innere Perspektive eröffnet uns dieses kleine, aber so gehaltvolle Buch.

Nora Philine Hansing
Zeitenwende –
Dimensionen des Umbruchs
Eine innere Perspektive des Wandels
Klappenbroschur, 96 Seiten
12,00 € (D)/12,40 € (A)
ISBN 978-3-89060-809-9

Selbstermächtigung

Die Offenbarung des zutiefst Weiblichen

»Durch das Yin-Yang-Ungleichgewicht und die Yang-Dominanz ist deine Sicht auf das Leben verzerrt, so dass du an die Unvermeidlichkeit von Gewalt glaubst. Yin ist Warten. Yin ist Halt. Yin ist ein Behälter – ein Behälter, den wir füllen können.«

»Es ist an der Zeit, dass die Welt zum Genährtsein, zur Liebe und Geborgenheit der Mutter zurückkehrt. Eroberung und Aggression wurden so weit getrieben, wie es möglich war, ohne alles Leben zu zerstören. Die Energie muss sich jetzt dem Erhalt des Lebens zuwenden – sich mehr dem Mitgefühl und Verständnis zuwenden, dem Aufbau von Weisheit, anstatt Wissen anzuhäufen.«

Baum-Meditation
der Großmütter
auf YouTube

Sharon McErlane
Selbstermächtigung
Die Offenbarung des
zutiefst Weiblichen
Die Lehren der Großmütter
Klappenbroschur, 240 Seiten
18,00 € (D)/18,60 € (A)
ISBN 978-3-89060-771-9

Unsere Liebe ist unsere Macht

Mit dem Lichtnetz arbeiten

»Indem du deinen Platz im Lichtnetz einnimmst, unsere Liebe spürst und sie dann fließen lässt, wird das gesamte Lebensgewebe gestärkt. So einfach ist das. Wir bitten dich, ein beständiger Ort der Liebe zu sein auf Erden. Lass uns dich halten, und während wir dich halten, freue dich an der Liebe, die von dir zu anderen ausstrahlt.«

»Was jetzt in deiner Welt geschieht, stellt dich auf die Probe. Alles, was dir bisher beigebracht wurde und was du erfahren hast, war die Yang-Perspektive, und weil du sie so verinnerlicht hast, möchtest du etwas tun. Wir sagen dir, kümmere dich nicht ums Tun. Sei vielmehr gut. Sei gut. Sei du selbst und lebe dein Leben verwurzelt im Göttlichen. Sei es.«

Sharon McErlane
Unsere Liebe ist unsere Macht
Mit dem Lichtnetz arbeiten
Die Lehren der Großmütter 2
Klappenbroschur, 368 Seiten
22,00 € (D)/22,70 € (A)
ISBN 978-3-89060-777-1

Das Lichtnetz wirken

...das uns halten wird in diesen Zeiten des Umbruchs

Zu unserem Glück liegt unter all den Stürmen des Lebens das Netz aus Licht. Das, was Wissenschaftler das Kosmische Netz nennen, wiegt alles – auch uns – in seiner tröstenden Umarmung und erinnert uns daran, dass wir nicht unbedeutende, getrennte Einheiten sind, sondern ein wesentlicher Teil des Gefüges des Lebens, das unseren Planeten hält.

Dieses Netz hält uns, durchdringt die Zellen unseres Körpers und durchzieht den gesamten Kosmos. »Dies ist das Netz aus Licht«, sagen die Großmütter, »das die Erde halten wird in den Zeiten des Umbruchs, die jetzt gekommen sind.« In diesem Netz aus Liebe und Licht können wir uns gegenseitig und unseren geliebten Planeten halten. Hier ist ein Platz zum Ausruhen.

Lichtnetz-Meditation der Großmütter

Sharon McErlane
Das Lichtnetz wirken
...das uns halten wird in diesen Zeiten des Umbruchs
Die Lehren der Großmütter 3
Klappenbroschur, 256 Seiten
18,00 € (D)/18,60 € (A)
ISBN 978-3-89060-783-2

Die Rückkehr der Mutter

und die Wiederkehr der Liebe

»Der Schaden, den der Mensch angerichtet hat, ist nicht von Dauer. Die Kräfte der Erde sind größer als der Verstand des Menschen. Der Mensch ist begrenzt. Wisse das und sei ruhig.«

»Lege dein Herz in die lebenden Dinge der Erde – die Pflanzen, Tiere und Menschen der Erde. Die sind es, die real sind. Es sind die Dinge des Verstandes, die nicht real sind.«

»Bleibe einfach ruhig sitzen. Rufe uns an. Werde langsam, und wenn du endlich spürst, dass du innerlich ruhig wirst, bitte uns, dir einen Vorgeschmack auf deine ›echte‹ Realität zu geben.«

Sharon McErlane
Die Rückkehr der Mutter
und die Wiederkehr der Liebe
Die Lehren der Großmütter 4
Klappenbroschur, 296 Seiten
20,00 € (D)/20,60 € (A)
ISBN 978-3-89060-800-6

Emotional BODY Movement

Mit dem Körper die Seele bewegen

Klaus-Ingbert Wagner

Vorübung

Stellen Sie sich in der Grundstellung auf. Schließen Sie die Augen und spüren Sie Ihre Fußsohlen und die Verbindung zum Boden. Dann beginnen Sie, sich in den Beinen leicht hin und her zu wiegen. Versuchen Sie zu erspüren, in welche Richtung und in welchem Tempo Ihre Beine sich wiegen wollen. Nehmen Sie dabei ganz bewusst Ihre Fußsohlen und Ihre Beine wahr. Versuchen Sie, so wenig wie möglich zu bewerten, sondern nehmen Sie alles wertfrei wahr.

Spüren Sie Ihre Beine. Dann lassen Sie Ihre Aufmerksamkeit langsam nach oben in Ihren Unterleib, Rumpf und Oberkörper wandern,

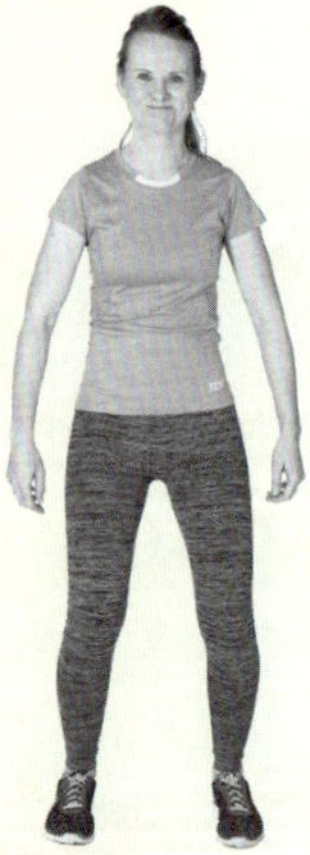

Grund 1

Grund 2

behalten aber das leichte Wiegen bei. Beziehen Sie auch den Oberkörper in das Wiegen ein und folgen Sie auch hier den Bewegungen, die Ihr Körper machen will. Nehmen Sie diese Bereiche einfach wahr. Dann spüren Sie Ihren Atem und beobachten, wie die Luft ein- und ausströmt. Lassen Sie mit dem Atem einen leichten Ton entstehen. Er muss nicht laut sein. Achten Sie darauf, was dabei in Ihrem Körper passiert und nehmen es wertfrei wahr.

Mit jedem Atemzug und Ton lassen Sie schließlich Ihre Körperwahrnehmung zuerst in den rechten und dann in den linken Arm wandern. Zum Schluss gehen Sie mit Ihrer Aufmerksamkeit zu Ihrem Zentrum und verweilen dort einige Augenblicke.

Lassen Sie schließlich das Wiegen ausklingen und stehen Sie einfach ruhig und mit geschlossenen Augen da. Ihre Wahrnehmung bleibt aber weiter auf Ihren Körper gerichtet. Dann öffnen Sie die Augen und können die Übungen beginnen. Diese Vorübung sollte fünf, höchstens zehn Minuten dauern.

HEIMKEHREN – bring deine Seele zurück!

Eine magische Erzählung für dein persönliches Erwachen

Joana Lisa Braun

Ich wandte mich also dem Ozean zu und vergaß darüber die Zeit.

Shurijahs sanfte Stimme holte mich wieder in die Gegenwart zurück: »Was fühlst du gerade jetzt?«

»Gerade habe ich eine Art Zeitlosigkeit gefühlt, Stille, ein Aufgehoben-Sein, Zufriedenheit. Und da waren vor allem keine Gedanken mehr!«

»Wunderbar, du bist auf dem richtigen Weg. Werde nun zum Ozean.«

Obwohl ich keine Ahnung hatte, wie man zu einem Ozean werden konnte, gab es tief in mir eine Art Erinnerung oder, besser gesagt, eine instinktive Erwiderung auf Shurijahs Vorschlag, genauso wie ich mich vor einiger Zeit so intensiv und spontan mit der Eiche verbunden hatte. Es musste in mir etwas geben, das diese Art der Verschmelzung kannte.

Und ich löste mich auf. Es gab kein Ich mehr, kein Du. Ich war pure Glückseligkeit!

Shurijahs Stimme schien von ganz weit her zu kommen: »Du warst also quasi in Gott/Göttin/Allem-Was-Ist, ein Teil davon, es gab keine Trennung mehr.«

»Was ist passiert, dass ich mich heute nicht mehr so verbunden fühle?«

»Nun, wie du merkst, kannst du jederzeit innerhalb von Sekundenbruchteilen wieder in diese Zustände des puren Glücks zurückkehren.« Und nach einer Pause: »Aber da du dich als Seele entschieden hast, als Mensch in einem Körper zu inkarnieren und so deine

Erfahrungen zu machen, wirst du – solange du lebst – immer wieder hierher, das heißt in den Körper und somit in Raum und Zeit zurückkommen müssen.

Die unerwartete Begegnung mit der weisen Füchsin Shurija stellt das Leben der verkopften Buchhalterin Leandra mitten in ihrer Midlife-Krise auf den Kopf. Was Leandra nicht weiß: Shurija ist ihre eigene Seele, die in der Gestalt des bezaubernden Tieres behutsam Kontakt mit ihr aufnimmt und sie Schritt für Schritt durch längst fällige Erkenntnisprozesse und Reflexionen führen wird. Leandra beginnt zu sehen und zu fühlen, was ihr Leben und die Welt wirklich trägt: Liebe und Bewusstsein.

Joana Lisa Braun
HEIMKEHREN – bring deine Seele zurück!
Eine magische Erzählung für dein persönliches Erwachen
Klappenbroschur, 352 Seiten
28,00 € (D)/28,80 € (A)
ISBN 978-3-89060-788-7

Spirituelles Erwachen –

zwischen Frust und Flow

Michaela Fischer

»Spirituelles Erwachen – zwischen Frust und Flow« steht in dieser besonderen Zeit für das Erwachen aus dem Dämmerschlaf der Anhaftung und Illusion in die göttliche Essenz. Es geht nicht mehr um die Selbstoptimierung einzelner im Sinne von Wunscherfüllung und sofortiger Heilung, sondern um das harmonische große Ganze innerhalb der gesamten Schöpfung, worin jeder seine Verantwortung übernehmen muss. Dieses Buch beschreibt die einzelnen Bewusstseinsstufen des erwachenden Menschen auf dem spirituellen Weg und macht sie erfahrbar.

Übung: Mit der Erde atmen

- Gehe hinaus in die Natur und suche dir einen schönen Platz. Segne ihn in Liebe und Dankbarkeit.
- Setze dich hin oder leg dich auf die Erde. Spüre den Atem der Erde, schwinge dich auf ihn ein, atme gemeinsam mit der Erde über dein hinteres, empfangendes Herzchakra, welches dem vorderen gegenüberliegt.
- Atme die Liebe der Erde ein und atme diese Liebe aus deinem Herzchakra wie eine Fontäne von rosafarbenem Licht in die Umgebung aus. Dies ist wie ein kostbarer Dünger auf den Acker der Erde.
- Atme mindestens fünf Minuten auf diese Weise.
- Nun stelle deine Füße auf die Erde, atme in Liebe und Dankbarkeit die Kraft der Erde über deine Fußsohlen ein, ziehe sie in dein Herz empor und mit dem Ausatmen in deine Arme und Hände und über die Handflächen zurück in die Erde.

Wegweiser des Herzens

Harmonie in Bild und Text schenkt Weisung und Inspiration für dein Leben und die neue Zeit

Ella Probst (Idee und Gestaltung)

In jedem Moment liegt eine Chance,
denn das Gute hält stets
mit dem Schlechten Balance.

Diese Inspirationskarten laden ein, den eigenen Herzraum zu öffnen. Einfühlsame Texte und eindrückliche Bilder erinnern uns an die Tiefe unserer Seele und an die Schätze, die diese Tiefe birgt.

Ella Probst (Idee und Gestaltung)
SEOM Patrick Kammerer (Texte)
Christian Fritschi (Bilder)
Wegweiser des Herzens
Harmonie in Bild und Text
schenkt Weisung und Inspiration
für dein Leben und die neue Zeit
32 Meditationskarten in
Magnetklapp-Box, 105 x 148 mm
20,00 € (D)/20,60 € (A)
EAN 4280000058126

Wer ernährt die Welt wirklich?

Das Versagen der Agrarindustrie und die notwendige Wende zur Agrarökologie

Vandana Shiva

In dieser Abrechnung der Wissenschaftlerin und Aktivistin Vandana Shiva wird eindrucksvoll dargelegt, wie die Agrargroßindustrie mit Chemie und Gentechnik den Planeten plündert, die Lebenswelt zerstört und unsere Gesundheit untergräbt. Und sie zeigt faktenreich und sachkundig auf, wer wirklich unsere Nahrungsgrundlage sicherstellt und wie wir den Hunger besiegen und unsere Nahrungssicherheit wieder herstellen können.

Mehr zum Buch
in unserem Trailer

Vandana Shiva
Wer ernährt die Welt wirklich?
Das Versagen der Agrarindustrie
und die notwendige Wende zur
Agrarökologie
Mit einer aktuellen Ergänzung zu Ag One:
Die Rekolonialisierung der Landwirtschaft
Klappenbroschur, 240 Seiten
18,00 € (D)/18,60 € (A)
ISBN 978-3-89060-798-6

Eine Erde für alle! – Einssein versus das 1%

Aufstehen gegen die Monokultur von Wirtschaft und Weltsicht

Vandana Shiva, Kartikey Shiva

In diesem klug auf Fakten aufgebauten Buch zeigt Vandana Shiva, wie eine kleine Gruppe superreicher Einzelpersonen, Stiftungen und Investmentfirmen die Kontrolle über unsere Lebensmittelversorgung, unser Informationssystem, unser Gesundheitswesen und unsere Demokratien immer weiter ausbaut. Die Autorin macht sehr deutlich, dass unser Überleben von der Vielfalt unseres Saatgutes und dass unsere Demokratien von einer aufgeklärten Öffentlichkeit abhängen. Es ist ein sehr leidenschaftlicher, weiblicher wissenschaftlicher Diskurs, der eine globale Leserschaft verdient.

Vandana Shiva, Kartikey Shiva
Eine Erde für alle! – Einssein versus das 1%
Aufstehen gegen die Monokultur von Wirtschaft und Weltsicht
Mit einem aktuellen Epilog: Bill Gates' globale Agenda und wie wir uns seinem Krieg gegen das Leben widersetzen können
Klappenbroschur, 192 Seiten
18,00 € (D)/18,60 € (A)
ISBN 978-3-89060-797-9

Klima-Heilung

Den Wandel einleiten: in uns und damit in der Welt

Jack Adam Weber

Es ist ein seltsamer Widerspruch: Eigentlich weiß jeder, wie dramatisch die globale Lage ist, aber unsere Reaktion auf diese alles Leben bedrohende Situation steht in keinem Verhältnis dazu. Wir tun so, als wäre das alles noch weit weg. So können wir Wut, Trauer und Schmerz ausweichen – und fahren blindlings gegen die Wand. Jack Adam Weber fordert uns auf, uns unserem Schmerz zu stellen, denn eben hier liegt die Quelle der Kraft, um den nötigen Wandel einzuleiten: in uns und damit in der Welt.

Mehr zum Buch
in unserem Trailer

Jack Adam Weber
Klima-Heilung
Den Wandel einleiten: in uns und damit in der Welt
Klappenbroschur, 400 Seiten
28,00 € (D)/28,80 € (A)
ISBN 978-3-89060-789-4

MIX
Papier aus verantwortungsvollen Quellen
FSC® C100257

Impressum: Positives ist machbar © Neue Erde GmbH 2022;
Redaktion: Andreas Lentz, Laura Spies; Gestaltung: Dragon Design GB;

Nur die eine Erde

Globaler Zusammenbruch oder globale Heilung – unsere Wahl

Fred Hageneder

Nur die eine Erde erklärt die planetarischen Lebenserhaltungssysteme in ihrer Ganzheit, bietet eine umfassende Gesamtdarstellung der globalen ökologischen Krise und zeigt die uns verbleibenden Optionen auf, um ein zuträgliches Klima und die noch vorhandene Artenvielfalt zu retten, die Verseuchung zu beenden und die Ökosphäre dieses Planeten zu heilen.

Mehr zum Buch:
www.nur-die-eine-erde.de

Fred Hageneder
Nur die eine Erde
Globaler Zusammenbruch oder globale Heilung – unsere Wahl
Klappenbroschur, 384 Seiten
22,00 € (D)/22,70 € (A)
ISBN 978-3-89060-796-2

Druck: AK, Schneckenlohe; Verlag: Neue Erde GmbH, Cecilienstr. 29, 66111 Saarbrücken, Deutschland.

Kogi

Wie ein Naturvolk unsere moderne Welt inspiriert

Lucas Buchholz

Fast 6.000 Meter ragen die Berge der Sierra Nevada de Santa Marta empor, direkt an der Küste Kolumbiens. Hier leben die Kogi, heutige Vertreter einer über 4000 Jahre alten Hochkultur. Nach Jahrhunderten der Abgeschiedenheit, wenden sie sich jetzt mit ihrem Wissen an die Menschheit. Sie haben sich entschieden, zu uns zu sprechen, da sie unsere Entwicklung aus der Abgeschiedenheit ihrer Berge genau beobachtet haben. Sie haben erkannt, dass wir mit unserem derzeitigen Denken in vielen Lebensbereichen an Grenzen stoßen.

Die Kogi sehen den Grund für die allermeisten Probleme in der Welt in unserer Weltsicht, die unserem Handeln zugrunde liegt. Es geht nicht darum, wie die Kogi zu leben, sondern sich von ihren Denkweisen zu einem Perspektivwechsel einladen zu lassen.

Lucas Buchholz
Kogi
Wie ein Naturvolk unsere moderne Welt inspiriert
Klappenbroschur, 288 Seiten
22,00 € (D)/22,70 € (A)
ISBN 978-3-89060-761-0